Forlag: BoD – Books on Demand, København, Danmark
Tryk: BoD – Books on Demand, Norderstedt, Tyskland

ISBN 978-87-7188-664-1

Tove Lis Harbo

Min livshistorie

Til Lene, Jesper, Hanne og Mette

Jeg har i lang tid haft lyst til at skrive en fortælling om mit lange liv. Jeg er 92 år, så det må være på tide.

Jeg er født d. 24-1-1923. Til middagen i forbindelse med min barnedåb kunne min bedstefar ikke komme. Han skulle have besøg af borgmesteren i Ringkøbing. Han skulle komme for at høre radio. Min bedstefar var nemlig den eneste i miles omkreds der havde radio i 1923. De fik dog intet ud af borgmesterens tur – kun en god frokost, for radioen ville kun give underlige lyde fra sig.

Min bedstefar havde Hotel Ølgod med alt, hvad der dengang hørte til. Der var en dejlig restauration med bl.a. ølstue, vinstue, hvor de fine borgere fra byen hyggede sig. På den fine veranda sad damerne med en lille likør. Især tredje juledag fordelte man sig sådan. Mændene sad og ordnede verdenssituationen, røg deres store Nihilsinelabore cigarer, mens de nød deres whisky. Imens passede damerne børnene. Juletræsfesten var årets clou. Vi havde meget fine kjoler på. Vi dansede først om kæmpejuletræet, og bagefter var der virkelig bal i den borgerlige. Helt dejligt.

Bedstefar var dejlig. Vi børn elskede at sidde på skødet af ham. Men han var også streng. Der skulle være orden overalt. I hvert rum stod der f.eks. spytbakker. Hvis vinteren var hård, og der var is på Ringkøbing fjord, sendte han hotelkusken af sted i hestevogn tidligt om morgenen for at hente is. Kusken kom hjem, lige inden det blev mørkt og hældte al isen ind i et skur, hvor den holdt sig til langt hen på foråret. Bedstemor var helt anderledes. Hun var så fin og smuk. Hun gik altid rundt og hilste på gæsterne – undtagen dem i ølstuen -. Hun strikkede, syede, broderede og kniplede, men deltog aldrig i hotellets drift.

Jeg blev født i et dejligt købmandshjem, med både forretning og bolig. Hver mandag skulle bønderne til grisemarked i Ølgod og kom så i hobetal med deres kasse, hvori der lå en bestillingsseddel på varer, som

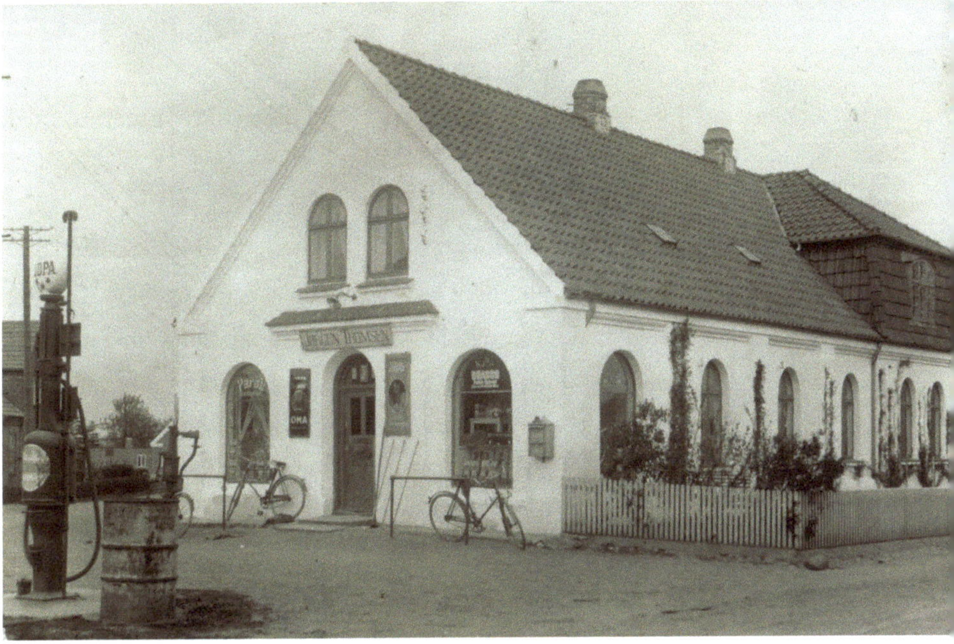

SPEGE
SILD
25

JØRGEN THOMSEN
Alfa
Alfa

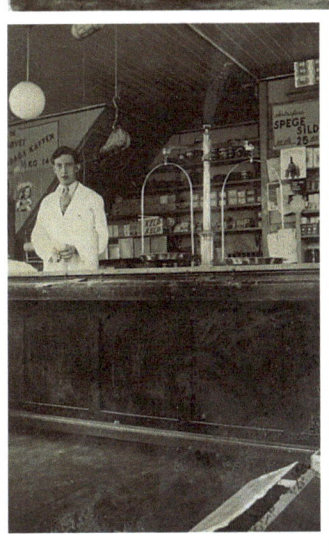

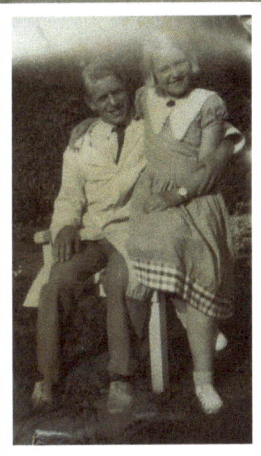

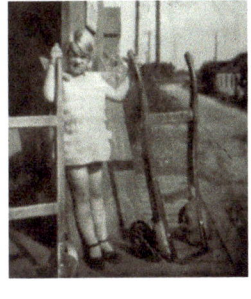

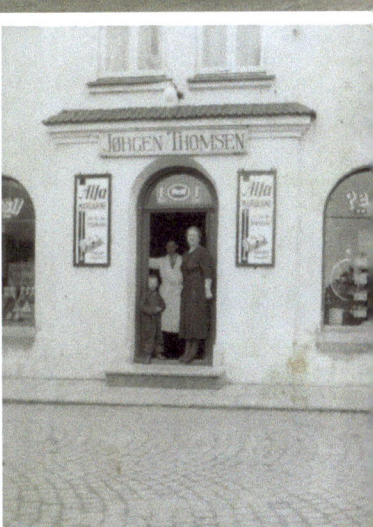

de hentede i forretningen om tirsdagen – altid med et kræmmerhus med bolsjer øverst i kassen.

Ikke én ting var pakket i forvejen. Alt blev vejet af. Mel, sukker, kaffe osv. Selv cigarer og cigaretter blev mest købt i løs vægt. Honning, smør og fedt lå i store kar i kælderen og blev vejet af efterhånden. Om søndagen måtte vi gerne lege købmand i butikken med vores kammerater. Vi skulle bare rydde op efter os, og så var der to ting, vi ikke måtte røre: Skuffen med engelsk lakrids og skuffen med tørrede frugter. Men det gjorde vi selvfølgelig alligevel.

Vi har i årenes løb haft skønne folk ansat hos os både privat og i for-retningen. Men det var ikke så mange, for de var hos os i årevis. Kommi-serne var på kost hos os. De spiste altid i køkkenet. Kun en eneste gang om året kom de i spisestuen. Det var på Helligtrekongersaften. Da kom de meget fine i tøjet. Vi fik dejlig middagsmad og spillede tallotteri om gevinster. Senere var der stort kaffebord med rester af julens hjemmebag. Vi elskede allesammen den aften.

Far sad mest på kontoret, men mor havde travlt. Hun havde altid hjælp i køkkenet af flere piger, men alligevel var der meget at se til. Vi var tre døtre. Det var mor, der opdrog os, og jeg tror ikke, det altid har været så nemt.

Hun var den dejligste mor. Hun slog aldrig, men hun havde en straf, når vi var uartige. Hun satte os ud i den halvmørke entre. Karen, min storesøster, græd hjerteskærende og bad om forladelse. Og selvfølgelig kom hun ind. Gyda, min lillesøster, fandt ud af at låse døren op og løbe ind gennem køkkendøren. Det kunne Mor ikke stå for. Jeg hev pelse, hatte og frakker ned og klædte mig ud. Jeg kan huske mig selv stå foran spejlet og se komisk ud. Men jeg syntes, det var spændende. I køkkenet blev der altid kogt og stegt og bagt i store mængder. Men der var også mange munde at mætte. Til jul fik vi en stor gris. Af hovedet blev der lavet mors vidunderlige sylte. Mange meter medisterpølse blev lavet og puttet i den suppe, som den var kogt i. Den fik et tykt lag fedt hældt over. Så holdt den sig i mange uger ude i gården. Der blev lavet leverposteje. Hjertet og kråse og grisetæer og stege blev tilberedt. Og resten af grisen blev lagt i saltkar i kælderen.

Vort hjem osede af hygge. Vi havde en stor spisestue, hvor vi i familien spiste hver dag. En stor dagligstue havde vi med møbler, jeg bruger den dag i dag. Plus et herreværelse, som vi brugte til daglig. Et usandsynligt varmt og dejligt rum med smukke brune lædermøbler. Ovenpå var der flere soveværelser. Mit værelse lå ud til gården. Lige uden for mit vindue var storkereden med en nyfødt unge måske to hvert år. Storkene var så dejlige. Lyden af deres knebren dagen lang var bare så skøn. Flere dyr havde vi, f.eks. mange duer, nede i gården en glubsk bulldog og masser af høns, som far huggede hovedet af, når de skulle bruges. De løb som regel et stykke i haven uden hoved, inden de lagde sig, men det var vi jo så vante til.

At hjælpe til var noget helt fjernt for os børn. Jeg kan ikke huske, at jeg selv har redt min seng. Det gjorde de unge piger. Underligt for os at tænke på i dag, men sådan var det bare den gang.

Underholdning var der ikke så meget af. Engang imellem kom vi i biografen, som min bedstefar ejede. Vi tre piger kom gratis ind, fordi vi kunne sidde på kulkassen. I den var der brændsel til opvarmning i kakkelovnen. Da vi var små, var der næsten kun stumfilm. Mor havde tjansen med at spille til dem engang imellem.

Men ellers bestod underholdningen jo i samværet med veninderne, og dem var der mange af, især da vi begyndte at gå i skole. Jeg husker kun, at jeg havde et dejligt skoleforløb fra første klasse til præliminæreksamen. I april var vi alle mere eller mindre til eksamen. Det startede i første klasse med en stilebog, hvor vi alle skrev uglen tuder 25 gange. Bogen blev gemt hvert år i overlærer Hjulers pengeskab. Vi fik den til eksamen hvert år tilbage indtil sjette klasse. Jeg har min endnu. Lærerne var næsten alle søde mennesker. Et par skilte sig dog ud. Den ene var alt for sød. Børnene lavede totalt grin med ham, så der tit måtte andre lærere til at hjælpe ham. Til sidst måtte han tage sin afsked, og da var der ingen ende på, hvor børnene savnede ham –pyha. Den anden var lige modsat. Han havde altid et spanskrør hængende i sit bælte - - og han brugte det. Der var både piger og drenge i klassen –undtagen til gymnastik. Drengene havde sløjd, mens vi piger havde gymnastik, og de timer hadede jeg. Jeg var for tyk, og kunne hverken komme op på eller over buk og plint, og at hænge i ribben og svinge med benene var rædselsfuldt og latterligt, syntes jeg.

Både på mors og fars side havde vi familier, der virkelig holdt sammen. Alle begivenheder som runde fødselsdage, barnedåb, bryllupper osv. blev fejret med stor festivitas, og alle vi børn var altid med. Fars far var togfører. Sød og rar. Han havde altid en Amerikastang med til os børn. Han og bedstemor havde otte børn. Alle i fine stillinger—præster, læger, sygeplejersker, så det var jo som det skulle være. Min faster, Katrine, var sindssyg i mange år. Da hun døde, arvede vi 6000 kroner. De skulle bruges fornuftigt, så vi købte en lækker sofa. Alle fire børn fik et par sko, og så fik vi en lækker middag. Så var den arv brugt. Sofaen har jeg endnu, og den er stadig skøn.

På mors side var der fire børn. Min mor, en søn og to vidunderlig smukke og søde mostre. Søs som blev gift med læge Effersøe og Ingeborg, som i mange år havde en stor og fin danseskole i Esbjerg. Hun var gift med Ove. Næsten hver søndag kom de kørende i deres vidunderlige bil.

Søs som blev gift med læge Effersøe og Ingeborg, som i mange år havde en stor og fin danseskole i Esbjerg. Hun var gift med Ove. Næsten hver søndag kom de kørende i deres vidunderlige bil. Når jeg i dag tænker på min barndom i Ølgod, får jeg kun positive tanker. Vi boede på Øster-

bro, som deltes i to veje ved vores forretning. Det mærkelige er, at jeg næsten husker, hvem der boede i alle husene. Egknudsvej startede med vandtårnet og farver Andersen. Så kom murer Larsens, der havde en søn, som kunne komme i Det Kongelige Teaters orkester, men hellere ville blive i Ølgod. Ved siden af boede bager Bollerup. Han var rugbrødsbager. Jeg tror ikke, den mand vidste hvad der var en kost og en støveklud. Der var utrolig beskidt. Hele byen købte rugbrød hos ham. De smagte vidunderligt. Så kom dampvaskeriejer Osmundsen, derefter Missionshuset, hvor vi gik i søndagsskole. Ejeren havde en datter, der blev gravid uden ægtemand – en katastrofe i den lille by. Hun rejste væk. Så kom slagter Hvergel, skrædder Hansen og fru Rick. Hun havde en lille butik med påtegnede broderier, som man selv kunne brodere. Silkegarn, tråd og nåle, strikkegarn og strikkepinde og så maskede hun silkestrømper op. Efter hende skomager Vad, gift med byens sygeplejerske. På den anden side af gaden dyrlægerne og gartner Dejgård. Længere nede et af vores pakhuse – løftet en meter over jorden, så der var plads til alle vore høns. Ved siden af Lisse Andersen, som syede alt vores tøj. Allerlængst nede af vejen, som hed Slotsgade, Vedsted Hansens Efterskole og den gamle Fattiggård, hvor der boede mange mærkelige individer –bl.a. Lise. Hun spadserede hver dag syngende i vilden sky i lyserøde gevandter op igennem byen. Man sagde dengang, hun var gået i barndom. En anden mærkelig skabning var Karl Skræv. En gammel ko eller en gammel hest trak ham på en vogn ind til byen for at handle. Han boede lige udenfor på et lille husmandssted. En dag faldt han ned fra høloftet. Han skar sig på et søm, så han fik en flænge hele vejen op gennem maveskindet. Han fandt en rusten stoppenål og tråd i sin mors gamle rustne syæske og syede selv hele maven sammen. Historien lyder usandsynlig, men er fuldkommen sand. Sådan var vores dejlige barndom i Ølgod. Ølgod blev gennemskåret af jernbanen, så den bydel, jeg har fortalt om, var den østlige del. Den anden del var langt større. Der var simpelthen alt i denne bydel. Kirke, Kro, Bager, Tømmerhandler, Guldsmed, Sagfører, Læge, 2 Hoteller, apotek o.s.v. Utroligt at tænke på i dag.

Efter præliminæreksamen kom jeg på gymnasiet i Tarm. Af helt uforklarlige grunde kunne jeg ikke gennemføre de tre år. Fagligt var der ikke noget i vejen, men mon ikke det har været en voldsom generthed/usikkerhed, der gjorde det hele så svært. Jeg har aldrig fundet ud af det. Min kloge mor forstod godt, at jeg ville have den eksamen, så efter mange undersøgelser fik hun mig ind i anden G på Nyborgs toårige studenterkursus. Betingelsen var, at jeg kom op i fuldt pensum i alle fag. Den var hård, men jeg fik min eksamen.

Den første lørdag var der bal på skolen. Jeg syede selvfølgelig en yndig kjole, som jeg har hængende i mit soveværelse den dag i dag.

Jeg var så usandsynlig omsværmet. Jeg forstod det ikke, indtil det viste sig, at jeg havde masser af cigaretter fra min far. Han var jo købmand, og det var under krigen, så han havde skaffet sig et stort lager. På det bal traf jeg Ove. Siden da har vi været sammen. Han kom ind på militærakademiet, men jeg kunne hurtigt mærke, at det bestemt ikke var noget for ham. Jeg gik derfor til Apoteker Tromholt i Ølgod og bad så mindeligt, om han ville tage ham ind som discipel. Det ville apotekeren, som jeg kendte i forvejen, godt. Imens vi gik på studenterkurset boede Ove hos sine forældre. Jeg var kostelev, som det hed på skolen og havde et værelse ude i byen. Et hyggeligt værelse med stor alkove med forhæng. Ove og jeg fik to skønne kammerater – Erik –senere psykiater og –Ove- senere advokat.

Hver eneste aften mødtes vi fire på mit værelse og drak te og hyggede os. En dag kom jeg hjem, smed alpehuen og redte mit hår, da der pludselig lød et kæmpebrøl fra alkoven bag forhænget. De tre fyre havde gemt sig derinde bag forhænget. De ville jo lave sjov med mig. Jeg blev meget forskrækket og lidt halvsur. Vi forblev venner hele livet.

17

Ove startede som discipel lige efter ferien, mens jeg kom et halvt år på Askov Højskole. Jeg husker opholdet som en fuldstændig fantastisk tid med utrolig højtbegavede lærere, som gav os en på mange måder rig viden, som jeg måske har glemt det meste af nu, men som dog præger en på mange måder den dag i dag, synes jeg. Og så var der jo det glade liv ved siden af, som jeg ikke har glemt. Jeg havde selvfølgelig stadig tæt kontakt til mine forældre og søstre. Der var jo alle de store familiebegivenheder. Så vidt jeg husker, var søster Karens bryllup med Jørgen på fars og mors sølvbryllupsdag en af de sidste store fester, der blev holdt i Købmandsgården. En skøn, skøn fest, hvor det halve af byen og hele den store familie var med.

Få år efter flyttede mine forældre i mine bedsteforældres villa, som disse var flyttet til efter at have afhændet Hotel Ølgod. De var da begge døde. Krisen i trediverne især hos bønderne havde både menneskeligt og pengemæssigt taget alt for hårdt på far, så han solgte købmandsforretningen. Jeg har bevidst ventet indtil nu med at fortælle om Vejers, fordi det sted har været en stor, stor del af vores families liv. Allerede da Karen, Gyda og jeg var små børn begyndte det liv for os tre. Bedstefar havde Strandhotellet sammen med Petra, som ikke var vores bedste veninde. Også der var bedstemor ikke med i det daglige forløb. Hun gik rundt som en yndig værtinde og sludrede med gæsterne. Far havde købmandsfor-

retning en rigtig sommerbutik. Hele vejen langs den ene side var der en sladrebænk, som badegæsterne benyttede i rigt mål. Butikken blev passet i det daglige af kommisser fra Ølgod. I alle weekender kørte hele familien derud. Vi kørte som regel over Blåvand. Dengang kunne man køre ned på stranden. Der var fin nedkørsel, så vi kunne køre langs stranden hele vejen til Vejers. Vi fik lov at stå på trinbrætterne på bilen hele vejen langs stranden. Det var en stor oplevelse for os piger.

I mange år havde vi en husbestyrerinde i Vejers.Ingeborg hed hun. Hvordan hun kunne lave mad til os alle i det lillebitte køkken, er en gåde. Vi var der jo hele sommerferien -også tit med veninder. Det var bare skønt. I mange mange år derefter har vi holdt ferie i Vejers.Vi havde mormors hus i flere år da børnene var små og unge. Senere havde vi selv et skønt hus i nogle år, indtil vi blev for gamle.

Hele min uddannelse forløb under krigen. Jeg ville have været indendørsarkitekt, men da min far hørte det, sagde han stop. Sådan noget pjat ville han ikke betale til. Jeg bøjede mig og kom ind på skolen for småbørnspædagoger og blev børnehavepædagog. En uddannelse jeg altid har været meget glad for. Jeg var på skolen den dag, Shell-huset og Den Franske Skole blev bombet Alle vi elever stod stuvet sammen i en gammel kælder i flere timer, mens vi hørte bomberne falde. Da jeg kørte hjem med sporvognen, så jeg en mand blive skudt på Rådhuspladsen. Men ikke nok med det. Jeg boede tæt på Den Franske Skole, så da jeg nåede hjem, var der et kaos af røg og brand, ambulancer og brandbiler. Jeg fik at vide, at englænderne ved en fejltagelse havde smidt bomber over skolen. Omkring 100 nonner og elever blev dræbt. Det var en ubeskrivelig grusom dag. Krigen var for vores familie ellers egentlig ikke andet, end at vi måtte lide afsavn på mange måder. Vi kunne stå i Ølgod i mors have og se Esbjerg lufthavn blive bombet. Tyske soldater havde beslaglagt førstesalen i mors hus, men de var meget søde, sagde mor. Vi havde sorte rullegardiner i alle årene. Vejers kunne vi ikke komme til i lang tid. Tyskerne havde sat en betonmur tværs over opkørslen fra stranden, for at englænderne ikke skulle invadere landet den vej.

Det var jo helt komisk. Den blev sprængt i luften straks efter krigen. Vi måtte ikke røre vores egen bil i flere år. Forretningen havde en lastbil, som kørte på brunkul. Vi fik mærker til alt. Det var på kaffe, sukker, smør osv. Der var begrænsninger påmasser af varer. Men vi vænnede os til det. Alle kan vist forstå, vi den aften krigen blev meldt slut, hev de sorte rullegardiner ned, tændte alle lys og græd og lo og omfavnede hinanden. Et par dage efter stod jeg på Fredericia banegård og så et tog komme kørende med flygtninge fra en eller anden koncentrationslejr i Tyskland. De så forfærdelige ud. De var udtærede, beskidte, magre. De hang næsten oven i hinanden ud af vinduerne. Vi stod allesammen og vinkede til dem, og så kom der et lille glad smil frem på deres læber. Det var så rørende, at vi allesammen fældede en tåre. Vi kunne ikke lade være med at tænke på, hvad de havde været igennem.

I de år, Ove var discipel i Ølgod, boede jeg hos mor. Ove havde et værelse på Afholdshotellet. Jeg lavede en dejlig børnehave, som virkelig fik succes med 25 børn.

Jeg lavede bl.a. et julearrangement på hotellet, hvor børnene optrådte på scenen med små spil. De var frihedskæmpere, nisser osv. Flaget var hejst. En lille pige var en dygtig og charmerende konferencier. Til sidst sad de alle på scenen om dampende risengrød og sang julesange. Ikke et øje var tørt. Alle familier var mødt fuldtalligt op. Hvad siger I så? Jeg glemmer aldrig den aften.

Jeg fik et vikariat i en børnehave i København, mens Ove havde vikariater. Det endte med, at jeg fik en serøs meningitis og lå en måned på Frederiksberg hospital. Jeg var virkelig meget syg, men nåede heldigvis at blive nogenlunde rask til vort bryllup 22-3-1947. Det blev et stort skønt bryllup med den halve by, venner og familie fra hele landet og alle vores ansatte folk. Min farbror pastor Jens Theodor Thomsen viede os i Ølgod kirke, og geniet Olfert, som ikke ville forlade Ølgod, spillede helt vidunderligt på sin violin Tre Hovedhjørnestene af Sigfred Salomon. Et meget smukt bryllup.

Min brudekjole var meget enkel og smuk. Ove var i kjole og hvidt og høj hat. Den glemte han selvfølgelig inde i kirken, så mens vi stod og skulle fotograferes, rendte han sin vej for at hente den inde i kirken. Det var et vidunderligt bryllup.

Det grufulde var dog, at min far døde otte dage efter. Han havde købt Strandhotellet i Vejers af bedstefar året før. Mor stod så pludselig med hotellet. Det var nok på det tidspunkt nemmest for mig at træde til. Så mor og jeg kørte så hotellet hele sommeren, og det gik faktisk rigtig godt og var meget spændende. Senere på året i København fik jeg brev om at møde op på politistationen. Det kunne jeg ikke forstå, men jeg syntes, at jeg hellere måtte klæde mig pænt på i hvide bukser, rød jakke og håret sat op til narrestreger. Og det var jo komisk, for så snart jeg kom ind til to sure ældre betjente, fik jeg at vide, at jeg havde smittet to soldater i Vejers med kønssygdomme. Jeg var i forhør i to timer. De troede ikke på mig. Efter mange forhør gennem Varde politi, fandt man ud af, at det var en pige, der hed Lis, der havde gjort det. Jeg hedder jo Tove Lis. Så blev den sag opklaret, men det var rigtig ubehageligt, så længe, det stod på.

Vi har boet mange forskellige steder på grund af Oves jobs. Han blev exam. Pharm. i 1946 og cand. Pharm. i 1951. Mens han læste til farmaceut, var jeg leder af Galle & Jessens børnehave, hvor jeg med én hjælper på én stue havde 40 børn. De fik mad, som fru Klein lavede, og som vi også levede af de to år. Jeg fik 400 kr. i månedsløn, så vi havde ikke penge nok. Vi boede i to små, usle værelser med et snart to børn. Med et toilet nedenunder. Engang gad Ove en nat ikke gå derned. Han tissede i en stor filodendron, som omgående gik ud. Det var i 1949 og Jesper blev født hos mormor i juleferien d. 28 december. Jeg mødte igen første februar. Jesper kom på børnehospital i en måned. Han skrantede , fordi vi boede så dårligt. Vi cyklede ud til ham, så tit vi kunne, og tudbrølede alle tre på vejen hjem. Hver dag satte vi 40 små senge op i børnehaven så børnene kunne få en middagssøvn. De kom tit kl. syv om morgenen og var meget trætte, når vi nåede middagstid. Trods alt havde jeg hele børnehaven 2 somre med i Vejers.

Den ene sommer havde halvdelen voldsom halsbetændelse. Den anden sommer druknede der nogle soldater, så børnene ville jeg ikke have på stranden, fordi Strandfogeden Kresten Jørgensen kørte på stranden i hestevogn og samlede lig op, der var skyllet ind. Bortset fra alt det havde børnene og jeg to skønne ferier, men det var noget specielt. Jeg havde begge år seks elever fra børnehaveseminariet med som hjælp. På den måde fik de deres praktik overstået. Jeg fik ordnet med kaptajnen på Storebæltsfærgen, at vi kunne være i et stort rum i bunden af skibet , ellers kunne de ikke klare en så lang tur. Den varede jo mange timer fra København til Vesterhavet.

Vi har haft dejlig familie og mange skønne venner rundt omkring. Det er vidunderligt at tænke på i dag. Jeg vil slutte med at fortælle om nogle af de mennesker, der har stået mig mest nær. Først mine to søstre. Karen var to og et halvt år ældre end mig. Vi var meget knyttede til hinanden. Vi var jo næsten jævnaldrende. Karen blev gift med Jørgen Lundgaard Larsen. De blev begge lærere. Karen blevet seminarielærer på Silkeborg Seminarium i en ung alder. Karen og Jørgen fik tre børn Lars, Mette og Jakob. Da hun var 35 år blev hun indlagt på Silkeborg sygehus med en blindtarmsbetændelse. Hun døde et par dage efter uden nogen forklaring på dødsårsagen. Det var helt ufatteligt.

Falle & Jesper Børnehave. Hejerø Strand. 1950.

Jeg glemmer aldrig synet af de tre små børn stå med hinanden i hånden ved begravelsen. Det var et chok og et savn, som mor bar på hele livet. Gyda var fem år yngre end mig. Stor forskel i den alder. Selv om vi havde en solid barndom, skændtes vi da alle tre på søstermaner. Men det var sådan noget, der var helt almindeligt i den alder. Vi blev jo hurtigt gode venner igen. Gyda blev jordemoder og havde i mange år en meget flot og stort besøgt klinik i København. Hun blev gift med Aage, og de fik tre døtre Dorte, Jane og Ulla.

Oves far var lokomotivfører, boede i Nyborg med Oves mor og seks børn, hvoraf Ove var den yngste, den eneste dreng og utrolig forkælet af sine forældre og fem ældre søstre. Første gang jeg skulle besøge dem, var jeg nervøs. Det besøg står så lysende klart for mig, at jeg næsten kan huske, hvilken kjole de havde på. Ella med hat, Mimi i lyserødt men sorte fløjlskanter, Edith i noget gråt, Ellen i ternet og Dagmar i noget brun og hvidstribet. De fine kopper var kommet frem. Oves far sad for bordenden med den elskede søn ved den ene side og mor på den anden, så hun kunne rende ud og ind til køkkenet. Pigerne sad sådan lidt efter rang.

Jeg sad helt i den anden ende i begyndelsen, men kom senere højere til bords. Det fandt jo altså sted i en lille lejlighed, men hyggeligt var det. Oves mor var en utrolig varm og hjælpsom kvinde. Der var bestemt ikke mange penge til rådighed. Hjælp og hygge og dejlig mad var der altid. Hun lavede en sovs og bagte et gammeldags franskbrød, som ingen kunne gøre efter. Oves far døde tidligt af sit hårde job som lokomotivfører under krigen. Hans mor blev lidt over 70, da hun døde.

I min familie vil jeg nævne moster Ingeborg og Onkel Ove. De havde som jeg før har nævnt en stor og bestemt meget fin danse skole i Esbjerg. Vi har været til afdansningsbal nogle gange. Det var der stil over med kotillon og gaver hvert år. Da Ingeborg var yngre kørte hun land og rige

rundt med en af de kendte højskoleforstandere. Han læste eventyr og især folkeviser op, mens hun dansede til –meget yndefuldt. Tit besøgte de os. Altid i julen. Onkel Ove sagde hvert år til julefrokosten, at øllet var for koldt og snapsen for varm. I min fars familie vil jeg nævne min onkel pastor Jens Theodor Thomsen. Han var en slags top i familien.

Han viede Ove og mig og begravede far. Han var en tid under krigen redaktør af Kristelig Dagblad. Han var et spændende og begavet menneske og havde også meget humor. Han og tante Rigmor havde seks børn. Den yngste var Preben, som vi havde et nært forhold til. Han var præst ved Grundtvigskirken, skrev meget og havde mange bekendtskaber inden for teaterverdenen. Han var ti år yngre end jeg, men vi var hjertevenner. Han plejede at fortælle alle, at vi to sad og snakkede i klitterne i Vejers, da vi var små, og der lærte jeg ham at strikke. Hos Ove og mig kom han meget. Vores børn elskede ham, og han fandt altid hurtigt ud af, hvor whiskyflasken stod.

Min yngste faster, Thora, var gift med onkel Otto, som var læge i Års. De havde et vidunderligt og smagfuldt hjem. Farmor boede hos dem i flere år. Sødt gjort, for farmor var ikke nem. Min far var en dejlig far, men han var meget indesluttet, synes jeg. Nok fordi jeg egentlig kun har kendt ham under krisen i trediverne. Han gav bønderne kredit og fik aldrig pengene igen. Bagefter kom krigen, så det var slemt. Han kunne godt lide både god mad, whisky og cigaretter. Så det blev for meget og forretningen blev solgt. Han døde kun 55 år gammel. Min mor har altid været utrolig optimistisk. Hun havde et lyst sind. Når der var et eller andet galt sagde hun "Alting ordner sig. "

Folk i forretningen, pigerne i køkkenet, familie og venner - alle holdt af hende. Der var på en eller anden måde altid en velsignet ro over hende. Det har nok lidt at gøre med far, som aldrig blandede sig i, hvad mor lavede. Hun var i bestyrelsen for både husmoderforeningen og biblioteket og gav sig altid tid til at pynte op og hygge i hjemmet. En dejlig mor.

Ove og jeg fik fire skønne børn, som altid har været til stor glæde for os. Selvfølgelig har der været kiv og uartighed og frækhed og den slags, men jeg burde næsten ikke bruge de ord, for vi har virkelig haft fire nemme børn uden de store problemer.

Mange sjove og spændende situationer har der også været. Da jeg ventede Lene cyklede jeg hele vinteren de 5 kilometer med hende i maven til Vallund skole, hvor jeg var vinterlærerinde for de tre små klasser. Vinterlæreren boede på skolen og havde de store klasser – alle i én klasse. Der var alt for få børn til at dele dem op. Nogle dage var det voldsomt snevejr, og jeg væltede på den øde landevej ned i en snedrive. Hvordan jeg kom op og videre, kan jeg ikke huske. Året efter fik jeg igen det job. Da stod Lene i kravlegård hos Mormor. En dag kom en af mormors veninder med en lille arrig foxterrier, der gøede lige op i hovedet på hende. Siden den oplevelse har hun ikke været vild med hunde.

Lene blev født hos mormor. Mens vi ventede på hende, og jeg havde veer, sad Bitten og Poul, som var læge, hos Ove og mig og drak kaffe. Siden den dag var de vores bedste venner. Mange år senere havde vi en skøn tur til Norge med dem. Bitten har mange gange været med os på ferie, hun har besøgt os jævnligt. Nu er det forbi, men dejlige minder har vi om vort samvær. Lene og hendes veninde Ida, som tit var med i Vejers, skulle en aften til bal på hotellet i Vejers. Kjolemoden var dengang meget kort. Jeg havde syet en yndig, gul kjole til Lene. Hun syntes, den var alt for lang, så i smug syede hun den op, så den kun lige nåede under numsen. Hun troede ikke, jeg så det, men det gjorde jeg, og jeg tænkte, jeg har jo selv været ung engang. Lene blev gift med Peder, som hun fik Louise og Kasper med. De har fået i alt 5 børn Laura, William og Viola og Tobias og Sebastian. Peder døde til vores store sorg alt for ung. Lene har i mange år været en superlærer på Abildgårdskolen. Hun er gift med Mogens. De bor i et meget skønt hus i Odense og nyder en travl pensionisttilværelse. Men de har altid tid til at få besøg af os.

Da Jesper blev født, var Ove meget stolt over at få en dreng. Han kørte rundt med ham i barnevogn. Det var et særsyn. Det gjorde en mand ikke den gang. Jesper var en sød og nem dreng. Men alligevel er det ham, der har givet mig det største chok. I Struer skulle vi have 4 madglade gæster til stegt ål og hjemmelavet is. De kom helt fra Ølgod. Mens jeg lavede maden, satte jeg Jesper neden for vinduet i en meget sikker sandkasse med høje kanter. Jeg kunne se ham fra anden sal. Pludselig var han væk. En pige sagde, hun havde set ham på vej ned til havnen. Hun havde fundet hans vante. Det var hans, for tommelfingeren var bidt af. Jeg fandt ham og gav ham en ordentlig en bagi - selvfølgelig. Det havde vores gode ven Holger set oppe fra sin arkitekt- tegnestue. Jesper havde det med at smide sin skoletaske allevegne. En dag snublede jeg over den og forstuvede min storetå. Jeg tror nok, jeg blev meget sur. Jesper blev gift med Birgit og desværre skilt. De havde Pia, Mads og Anders. De har tilsammen fire dejlige børnebørn Mathias, Bertram, Liva og Emil. Foruden sit lærerjob, som har optaget ham meget, har Jesper en formidabel evne som forfatter til revyer, lejlighedssange og meget andet, som sikkert udvikler sig til meget mere, når han bliver pensioneret.

Da jeg skulle føde Hanne på Enighedsvej i Ringkøbing var alt parat, men hun ville ikke rigtig komme ud. Lægen og jordemoderen var kommet. Men det trak ud. Pludselig sagde lægen til far "Hvis du henter whiskyen, så henter jeg mine lysbilleder fra Italien". Så det blev en hyggelig fødsel. Hanne har på alle måder været meget sød og nem. Karakteristisk for hende er, at hun har været stædig. På hendes første skoledag gik vi med hinanden i hånden i øsende regnvejr. Hun glædede sig så meget til at komme i skole. Hun snakkede hele vejen om, hvor spændende, det ville blive. Men så skete det for mig frygtelige, at da vi kom til skolen, ville hun ikke ind. Jeg var selvfølgelig ulykkelig, så hun fik et lille rap bagi med paraplyen. Hanne gik ind. Jeg var glad og hun har passet sine skoler og uddannelser lige siden. Hun blev cand. mag. og har i dag et krævende job inden for reklamebranchen. Hun har været gift med Palle i 30 år. Han har altid været en meget kærlig svigersøn for både Ove og mig. De har tre børn, Nina, Frederik og Karen og 4 dejlige børnebørn, tvillingerne Anton og Viggo og Thomas og Elias. De bor i et skønt hus på Hunderupvej i Odense. De har en travl hverdag, men har altid tid til os andre.

To dage efter Mette blev født på Kronager i Ringkøbing, blev Hanne to år. Jeg satte mig med Hanne på to små malkestole, tændte to lys og sang fødselsdagssang og råbte Hurra. Det har vist set ret sjovt ud. Vi gjorde det samme , da de andre kom hjem. Mette klarede sin skole fint. Hun havde altid masser af kammerater med hjemme –somme tider for mange, men altid søde børn. Hun og jeg elskede at sidde i altandøren om formiddagen, når de andre var væk og tage solbad. Da Hanne og Mette blev omkring 6-7 år havde de et spændende fælles fødselsdagsgilde. Der kom nemlig to politibetjente og afhørte børnene, fordi der var sket et mord i vaskekælderen på Yrsavej, hvor vi boede i Odense. Betjentene fik chokolade og brunsviger, mens de udspurgte børnene. Jeg havde om eftermiddagen givet kvinden, der blev myrdet, nøglen til vaskekælderen. Jeg følte det lidt mærkeligt. Mette blev gift med Frank og var et par år med ham i Kuwait. De blev senere skilt. Senere boede hun sammen med Brian i Tønder i 14 år. Hun kom ud for en rigtig voldsom færdselsulykke, hvor hun blev meget ilde tilredt. Fra den tid begyndte hun at male og har gjort det siden med flotte resultater. Hun har fire børn Marie, Kristian, Anna og Julie. Mette bor i et skønt og kunstnerisk, dejligt hus i Odense.

Selvfølgelig var mit liv travlt med fire børn. Dengang købte man f.eks. ikke bleer. Jeg kogte bleer og bukser i en kæmpegryde hver aften. Næste morgen blev de skyllet og hængt op på tørresnoren. Børnene gik selvfølgelig til blokfløjte, ler, fodbold osv., men biografture var der ikke råd til så mange af. Engang tog jeg dem med til en fjerkræudstilling i Fyns Forum. Det lyder lidt sjovt, men den var gratis og jeg husker, det blev en kæmpe succes.

Sommerferierne i Vejersbo holdt de utrolig meget af. Børnene og jeg rejste tit med toget, hvis Ove endnu ikke havde fri. Det tog mange timer. Aftenen før var alt tøj lagt parat. Pigernes skørter kunne stå selv, som om de skulle til fest –stivede i kartoffelmel. Vi havde hver en madpakke, som blev spist på Fredericia banegård, hvor der blev skiftet tog. Videre til Varde. Derfra med Nebelgrisen til Oksbøl, og til sidst rutebil til Vejers.

Jeg syede og strikkede så vidt jeg kunne og havde lavet alt børnenes tøj. Engang, da Jesper var 4 år, havde jeg syet shorts til ham. De var blevet for korte, så underbukserne hang nedenfor. Han kom hulkende op og sagde, at børnene havde grint af ham og spurgt "hwa koster di gardiner"?

Som jeg har sagt mange gange, har børnene altid været søde og parate for os. De gange, vi har været på sygehus, har de flittigt besøgt os, siddet og holdt os i hånden og været hjælpsomme med alting. Vi har været så taknemmelige, og jeg kan kun sige "Tusind tak".

Jeg har måttet døje lidt hist og pist. Den seriøse meningitis lige inden vores bryllup. Første morgen, mange år senere på en 14 dages ferie i Skagen, faldt jeg. Lægen sagde, jeg skulle blot have koldt på. Det var tydeligt forstuvet. Da vi kom hjem, var det brækket to steder.

Jeg har sidenhen brækket begge hofter, og fået en fejloperation på mit ene øje, så jeg kun har lidt orienteringssyn på det. Og så har jeg haft min leddegigt fra jeg var 48 år. Ellers har jeg ikke fejlet noget.

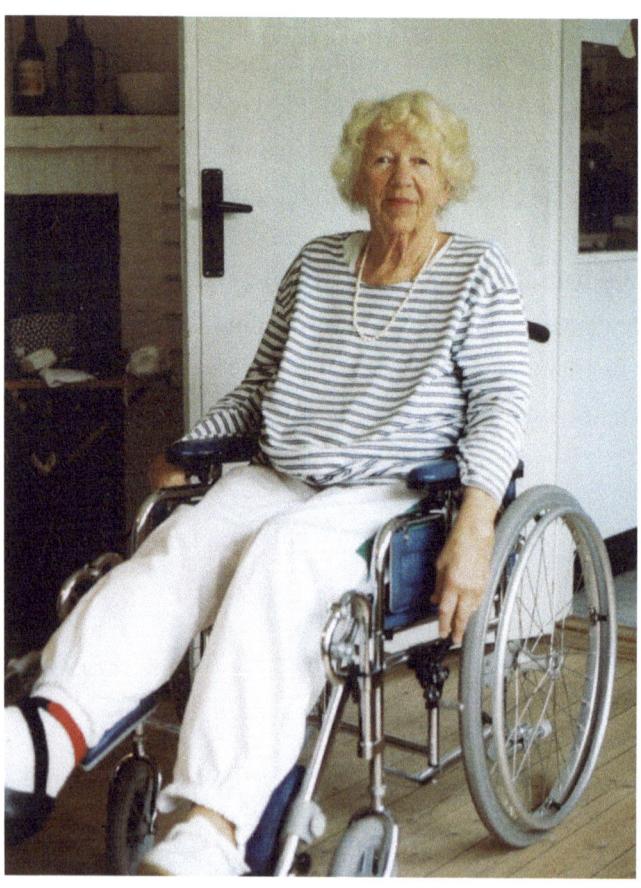

Mens Ove var Apoteker, kørte jeg hver dag til Tarup skole, hvor jeg var børnehaveklasseleder. Jeg var lykkelig for det job. Jeg stod meget tidligt op, inden jeg kørte for at få lidt styr på gigten, og så kørte jeg glad af sted hver eneste dag til alle de skønne børn, som jeg aldrig havde vrøvl med. Sådan husker jeg det.

Ove og jeg har altid haft et travlt og virksomt liv. Vi har ikke rejst voldsomt meget. Dog to herlige ture til Paris, en til Tyskland og en til

Norge. Jeg har aldrig været oppe at flyve. Jeg har ligesom min far højdeskræk. Da den gamle Lillebæltsbro blev indviet i trediverne, måtte vi den ene dag spadsere over. Da vi var nået et lille stykke op, vendte far og jeg om. Vi skulle ikke nyde noget.

Oves og mit ægteskab har været meget farverigt. Ove er jo kendt for at have haft et voldsomt temperament. Men det var aldrig nogensinde ondt ment. Han har altid arbejdet meget og været meget pligtopfyldende, været rundt på mange apoteker, hvor de har været glade for ham. Apoteker Tromholt i Ølgod gav ham en anbefaling, hvor der blandt andet stod, " Ove Harbo har været en yderst dygtig og ansvarsfuld medarbejder. Han kunne af og til råbe meget højt, men det betød ikke så meget. Både min kone og jeg holdt meget af ham ". På en nattevagt på apotek i Odense kom en mand og ville købe præservativer. Nej, sagde Ove. Men du kan godt få de gajoler, du bad om for halsen. Næste dag stod der på forsiden af Ekstrabladet. Nok gajol men ikke præservativer.

Vi har alle steder haft dejlige venner. Specielt da Ove fik Ejby apotek og var der i 20 år, var der gang i den. Vi holdt mange fester, karneval og nytårsaftener.

Vi holdt hvert år jagtfrokost for 10 – 15 jægere. De "krævede " hvert år at få min hjemmelavede forlorne skildpadde. Alle årene holdt vi en fest for personalet på forskellige måder. Jeg tør sige, de var meget glade for Ove. De har senere fortalt, at hvis han havde råbt ad dem, sagde han i næste øjeblik, "hent brød hos bageren til kaffen ". Det viste jo tydeligt, at de høje "toner ", ikke betød noget videre.

Da Ove gik på pension, lejede vi en skøn gammel gård, som vi boede på i ti år. Bortset fra, at Ove var færdig med arbejdet, levede vi næsten som på apoteket. Også her fik vi et dejligt hjem med store smukke stuer, som vi i tyve år havde været så glade for på apoteket. Men udenfor var det her anderledes. Naturen med skoven omkring os og søen var meget idyllisk, og så havde vi jo alle vores dyr – masser af duer, fugle, høns, gæs og ikke mindst fårene. Når vi kaldte på dem, kom de allesammen, også fiskene i søen.

Ove elskede det sted. En dag sad vi og spiste frokost på terrassen, da der kom en and spadserende lige forbi os med tolv små ællinger. Den havde udruget dem i en brændestak i gården, og havde nu travlt med at få dem ned til søen. Det var bare sådan en smuk oplevelse.

Der var bestemt meget at lave, men vi gav os tid til at nyde det hele. Alt det vi kunne. Besøg af børn og gæster havde vi heldigvis masser af, og det blev da også både til festivitas, jagtfrokoster og sådant.

I samråd med børnene flyttede vi, da vi blev firs år til Odense. På den måde kom vi i nær kontakt og med børnene, og vi flyttede ind i et dejligt rækkehus, som har passet os fint i de tolv år, vi har boet her. Man skal jo i et langt liv hele tiden vænne sig til store forandringer. Ellers bliver det hele alt for surt.

Men helt sikkert er det, hvor vigtigt det er at huske alle gamle venner, familie og bekendtskaber. Både dem, man har elsket, hadet, beundret, ynket, haft det sjovt med ----dem allesammen.

Ove har altid hjulpet mig, når der var behov for det. De sidste par år, han levede, var han der hele tiden for mig. Jeg havde brækket det andet lår, og har siden haft døje med at komme i gang. Han kom ind hver morgen

og gav mig et dejligt morgenkys. Han havde i forvejen lavet det dejligste morgenbord. Han hyggede sig altid med sine hunde. De fik hver dag på en eller anden måde cykelture, gåture, ture i skoven. De fik godbidder ved bordet hver dag til stor fortrydelse for børn og andre, der spiste med. Vi elskede vores frokost. Der var altid lidt godt på bordet ----måske en lille snaps. Det var der, vi fik talt om alt, hvad vi havde på hjerte både om familie og hvad der ellers faldt os ind. Hele vores ægteskab har været en blanding af det hele. Når der var de problemer, der altid kommer i et ægteskab, fik vi for det meste snakket dem igennem, selv om de kunne være store. Men vi har haft et spændende og dejligt samliv.

Min gamle, kloge mor sagde altid "Man kan sige meget om Toves og Oves ægteskab, men kedeligt bliver det aldrig "----og det fik hun helt ret i. Det er måske bl. a. derfor, jeg i dag sidder med et voldsomt savn.

P.S.

**En varm og dybtfølt tak til jer alle fire børn
for en utrolig hjælpsomhed og omsorg og kærlighed.**